ÉLOMIR CASTRUC

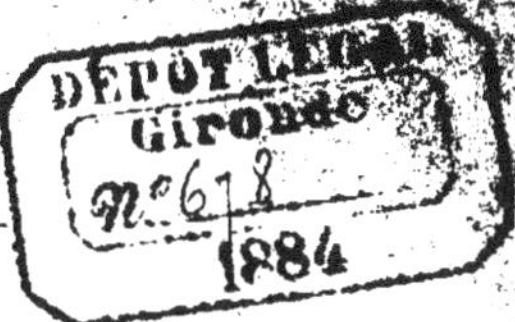

LES RÉVERBÈRES DE NAPLES

TIRÉ DU *CORICOLO*

DÉDIÉ A LA MÉMOIRE
D'ALEXANDRE DUMAS

BORDEAUX
IMPRIMERIE G. GOUNOUILHOU
11, RUE GUIRAUDE, 11

1881

LES RÉVERBÈRES DE NAPLES

ÉLOMIR CASTRUC

LES

RÉVERBÈRES

DE NAPLES

TIRÉ DU *CORICOLO*

DÉDIÉ A LA MÉMOIRE

D'ALEXANDRE DUMAS

BORDEAUX

IMPRIMERIE G. GOUNOUILHOU

11, RUE GUIRAUDE, 11

1881

LES
RÉVERBÈRES DE NAPLES

Naples, vers mil huit cent, était dans la terreur ;
Cette ville, aujourd'hui de gaz resplendissante,
Devenait chaque nuit, du bravo, du voleur,
Le théâtre et l'objet. La police impuissante
Essaya vainement, au sein de la cité,
De remplacer la torche à la jaune clarté !
Chaïa, Tolédo, puis Forcella, trois rues, —
Ou, pour mieux s'exprimer, trois grandes avenues, —
Brillèrent tout à coup des feux de cent quinquets.
Mais le fier Lazzarone
Veut être consulté ! Sérénos et piquets
Ne purent empêcher que plus d'une personne,
En perdant ses écus, ne perdît son chemin !
A minuit, on cassait vitres et réverbères,
Et, jonchant les pavés, on trouvait le matin
Les malheureux quinquets brisés à coups de pierres !
Il n'en resta pas un ! Le peuple est ainsi fait,
Tout ou rien : sa devise est surtout immuable ;
L'homme, opulent ou pauvre, est toujours imparfait ;
Lorsqu'on compte sans lui, l'on bâtit sur du sable.

Le Gouverneur d'alors était dans l'embarras,
C'est le sort des préfets. La bonne politique
Est celle des malins, qui, ne gouvernant pas,
Abreuvent sans pitié, le pouvoir de critique.
Ce fut Padre Rocca, noble et moine à la fois,
Qui, sur les mécontents, remporta la victoire.
Les moines de ce temps avaient du bon parfois.
Mais, chut! soyons prudents et poursuivons l'histoire;
Il nous faut redouter ces hommes ténébreux!...
Padre Rocca pourtant était très populaire
Chez les Napolitains. Ils étaient fort nombreux
Qui l'aimaient ardemment. Plein d'éloquence en chaire,
Il avait trois moyens pour atteindre son but :
La persuasion, la menace et la trique!
Il débutait d'abord, promettant le salut;
Ensuite, il dépeignait l'enfer avec sa clique
De diables, de démons, suppôts de Belzébuth,
Dont les noms sont inscrits sur l'infernal grimoire;
Et retirant enfin, pour suprême argument,
Un nerf de bœuf caché sous sa soutane noire,
A grands revers de bras il frappait l'auditoire.
Dieu! qu'un pareil moyen siérait au Parlement!

Padre Rocca comprit que le meilleur remède
Était d'illuminer doucement et d'abord
La place Medina, puis tout son sombre abord,
La via Saint-Janvier et celle de Tolède.
Il fit peindre avec art, sur un superbe mur,
L'imposante figure
De saint Joseph assis sur un trône d'azur!

Le peuple avec amour suivait de la peinture
Les sensibles progrès... — Rocca, pour commencer,
Fit brûler sur l'autel un cierge magnifique.
Un cierge éclaire peu : l'on pouvait détrousser,
Piller, assassiner le meilleur catholique,
A dix pas, sans courir le plus mince danger.
Le triomphe était loin ! A trois jours de distance,
Le bon moine ajouta, sans se décourager,
Deux cierges au premier de mèche plus intense !
Bravi, Lazzaroni se plaignirent bien haut;
On faisait, disaient-ils, vraiment trop de lumière!
Pour prier le Très-Haut.
Rocca, peu confiant, installe un réverbère.
A peine éclaira-t-il, qu'il cessa d'éclairer...
Le lendemain, Rocca fit annoncer en chaire
Un discours important;
L'avis eut du succès, mais parut surprenant.
Le moine ne parlait que dans un cas suprême
Et n'avait point prêché depuis la mi-carême.

Le dimanche arrivé, le peuple fut nombreux,
Il accourut à flots des quartiers populeux;
L'église regorgeait, les marches étaient pleines;
Vers la place, on formait deux imposantes chaînes!...
Le bon moine, il est vrai, n'était pas discoureur;
Il méprisait les tours de phrases oratoires;
Il racontait des faits, il citait des histoires
Que pouvait bien saisir le plus simple pécheur.

Dominant de la voix un immense désordre :

« Mes enfants, cria-t-il, c'est moi qui donnai l'ordre
» De peindre saint Joseph ! »

LA FOULE.

C'est bien ! nous le savions !

PADRE ROCCA.

« Et de brûler un cierge ou deux ! »

LA FOULE.

Nous le pensions !

PADRE ROCCA.

« J'ai fait même ajouter plus tard un réverbère. »

LA FOULE.

Mais pourquoi?

PADRE ROCCA (avec autorité).

« Mais pourquoi? Parce que ce grand saint,
» Étant le plus puissant du ciel et de la terre,
» Mérite cet honneur ! Il doit être plus craint
» Que la Vierge et le Christ. »

LA FOULE.

Allons donc ! pas possible !
Et que le Père aussi? C'est pour rire !...

PADRE ROCCA.

Mais, non !

LA FOULE (riant).

Ha! ha! ha!

PADRE ROCCA (se moquant).

Ha! ha! ha! Mais rien n'est moins risible!
Faut-il, pour saint Joseph, citer le Droit canon?
(Reprenant.)
Jésus-Christ est son fils... et la Vierge est sa femme?

LA FOULE.

Oui! oui! Hé bien!

PADRE ROCCA.

Hé bien! n'est-il pas de raison,
Que le père et l'époux passe devant sa femme
Et son fils, dans le ciel, comme dans sa maison?

LA FOULE.

Quel pouvoir a-t-il donc de plus que la madone
Et le Christ?

PADRE ROCCA.

Il peut faire entrer en paradis
Ceux qui lui sont dévots! Au voleur, il pardonne;
A côté de la Vierge, il est toujours assis.

LA FOULE (étonnée).

Il pardonne aux voleurs?

PADRE ROCCA (avec force).

Au bandit! au gredin!

LA FOULE.

Voyons ! citez un fait.

PADRE ROCCA.

Vous n'allez pas y croire,
Il vient de faire entrer au ciel un assassin !

LA FOULE.

Vous vous moquez de nous !

PADRE ROCCA.

Mais non ! voici l'histoire :
Mastrilla le bandit vient bien d'être pendu ;
Vous pensiez qu'à l'enfer il était descendu ?
Eh bien ! vous vous trompez, car j'en ai des nouvelles !
Le grand saint l'a sauvé des flammes éternelles.
Lorsqu'il fut sur l'échelle, en la main du bourreau,
« Saint Joseph ! cria-t-il, mon âme repentante
» Implore ta pitié ; pas un pauvre tombeau
» Ne couvrira mon corps !... Que ma voix suppliante
» T'arrive, ô saint Joseph ! Sauve-moi de l'enfer,
» Car je te fus dévot... »
Puis s'élançant dans l'air,
Confiant, satisfait de sa triste harangue,
Mastrilla, radieux, tira bientôt la langue.
Et l'on vit tout à coup, de ce corps suspendu,
S'échapper vers le ciel l'âme de ce pendu !
. . . .
Il trouva dans l'éther une longue avenue,
Comme un voile léger se perdant dans la nue.

Après trois jours d'espoir, de marche et de langueur,
Il frappa, défaillant, la porte du Seigneur.
Ton nom, et d'où viens-tu? lui dit le grand saint Pierre.

Qui je suis? Mastrilla! J'arrive de la terre.

SAINT PIERRE.

Hein! Comment! Mastrilla, le bandit, le voleur,
Mastrilla l'assassin, surnommé l'étrangleur!
Ta place est en enfer! Je referme ma porte.

MASTRILLA.

Mais ma place est au ciel! Saint Joseph m'a promis...

SAINT PIERRE.

Que le diable t'emporte!

MASTRILLA.

Où donc?

SAINT PIERRE.

En paradis.

MASTRILLA.

Ayez pitié, seigneur!

SAINT PIERRE.

Partez incontinent!...

MASTRILLA.

Eh bien, non! Je demeure et vais sur cette marche

Implorer mon patron...!

(Appelant.)

Saint Joseph!

SAINT JOSEPH.

Quoi! Présent!...

Me voilà! Qui m'appelle?

MASTRILLA.

Illustre patriarche,

Mais, c'est moi! Mastrilla, le pécheur repentant.

SAINT JOSEPH.

Ah! bien! très bien! Du bourg de Terracine?

J'y suis! Mais, sais-tu bien que sans ta carabine

Il est fort malaisé de remettre ta mine!

Eh! que veux-tu?

MASTRILLA.

Le ciel.

SAINT JOSEPH (air de mépris).

Eh! Pierre ne veut pas!

MASTRILLA.

Cependant, je vous fus dévot jusqu'au trépas!

Veuillez bien l'implorer, lorsqu'il va reparaître.

(Montrant saint Pierre, qui regarde par la fenêtre.)

Le voilà!

SAINT JOSEPH (avec autorité).

Tu vas voir!... Il faut, illustre maître,

Laisser entrer au ciel Mastrilla, mon ami;

Au moment de sa mort, il s'est fort repenti.

SAINT PIERRE.

Ma foi pas, je prétends être maître à ma porte.
Suis-je concierge, ou non? Répondez!

SAINT JOSEPH.

Que m'importe!
J'ai mon devoir aussi, cet homme est mon client,
Un semblable refus est très mortifiant!
Allons voir le bon Dieu!! Vraiment c'est arbitraire!
Il ne me convient plus de supporter vos lois.

SAINT PIERRE (se plaignant).

Avec vous, saint Joseph, j'ai sans cesse une affaire.

SAINT JOSEPH.

Il vaut mieux en finir pour une bonne fois.
Partons!

SAINT PIERRE (inquiet).

Eh bien! partons!

MASTRILLA (entre les dents).

Ce sacrrré fonctionnaire!

SAINT JOSEPH.

Ami, compte sur moi, sois confiant, adieu!

Après avoir franchi le divin sanctuaire,

Nos deux illustres saints trouvèrent le bon Dieu
S'endormant tout debout sur un Sepher hébreu [1].

SAINT JOSEPH.

Seigneur! nous...

L'ÉTERNEL.

Quoi? seigneur!... L'on ne peut donc sans peine
Reposer un instant; allons, qu'est-ce que c'est!
Toujours vous, saint Joseph! Voyons, qui vous amène?

SAINT JOSEPH.

C'est saint Pierre qui... que...

L'ÉTERNEL.

Mais, tonnerre de Brest!
Mettez-vous donc d'accord, car c'est insupportable.

SAINT JOSEPH.

Il ne veut pas laisser entrer un pauvre diable!

SAINT PIERRE.

Éternel!...

L'ÉTERNEL (furieux).

Éternel!... mais éternellement
Vous disputez tous deux comme au saint Parlement.

(1) Rouleau en parchemin renfermant l'Ancien Testament. Les Juifs s'en servent dans les cérémonies de leur culte.

SAINT JOSEPH.

Saint Pierre au paradis refuse tout le monde.

SAINT PIERRE.

Peut-on mentir ainsi, saint Joseph, c'est immonde!

L'ÉTERNEL.

Finirez-vous, enfin!

SAINT JOSEPH.

Mais...

L'ÉTERNEL.

Silence!

SAINT PIERRE (implorant).

Seigneur,
Soyez juste! du ciel ne suis-je pas concierge?

L'ÉTERNEL.

Oui, l'on pourrait trouver mieux; mais à la rigueur!...
(Un silence.)
N'oubliez pas, monsieur, que sans la sainte Vierge...
Vous perdiez le cordon! C'est qu'il m'en faut très peu...

SAINT PIERRE (embarrassé).

Je suis bien fixé! Mais ouvrir la porte au crime!

SAINT JOSEPH (interrompant).

Au crime repenti!... Je m'en rapporte à Dieu.

L'ÉTERNEL (réfléchissant).

C'est que, diable!... un bandit!

SAINT JOSEPH.

Du sort il fut victime!

SAINT PIERRE (s'emportant).

Victime pour voler, piller dans le saint lieu?

L'ÉTERNEL (étonné).

Mes temples?...

SAINT PIERRE (avec force).

J'en réponds!

L'ÉTERNEL (à saint Joseph).

Mais tu perds donc la tête,
Mon vieux? Un mécréant! Ah! saint Pierre a raison...
Eh! comment nommez-vous cette maudite bête?...

SAINT JOSEPH (avec assurance).

Mastrilla!

L'ÉTERNEL (étonné).

Mastrilla! — Oh! non! mille fois non!

SAINT JOSEPH.

A votre aise!...

L'ÉTERNEL.

A mon aise! Et que prétends-tu faire?
(Avec douceur.)
Réfléchis!

SAINT JOSEPH.

Monseigneur, la chose est réfléchie,
Et le choix du moyen est aussi mon affaire.

L'ÉTERNEL.

Mais c'est de la démence et c'est de l'anarchie!

SAINT JOSEPH (accentuant).

C'est... ce... que... l'on... voudra!...

L'ÉTERNEL.

Tu le prends sur ce ton!
(Bas à saint Pierre.)
On dirait, sur ma foi, qu'il vient de Charenton!
(Avec autorité.)
Saint Pierre, je défends qu'on laisse entrer cet homme!

Et le Bon Dieu, blessé d'un tel manque d'égards,
Replongea ses esprits dans le Deutéronome.

Hum! hum! fit saint Joseph, pour Nazareth je pars.
(Chantonnant.)
J'emmène tous les miens.

L'ÉTERNEL (tournant la tête à demi).

Ah! ceci vous regarde.

SAINT JOSEPH (accentuant)

Vous... ne... me... dites... rien...?

L'ÉTERNEL (air indifférent).

Oh! ma foi, je m'en garde.

SAINT PIERRE (d'un ton goguenard).

Adieu !

SAINT JOSEPH (bas à saint Pierre).

Pipelet, va !...

Puis, Joseph dignement
S'inclina, disparut, et passa chez la Vierge.

Sous l'immense clarté d'un magnifique cierge,
La Vierge déchiffrait, dans le ravissement,
Le beau *Stabat Mater* du divin Pergolèse,
Rapporté de Milan par les soins de Thérèse.
Des voix accompagnaient, en répondant en chœur,
Les célestes accents de très sainte Cécile,
Et l'ange Gabriel, de son geste vainqueur,
En maître dirigeait, sous son archet habile,
Les harpes et les luths, pincés en ut mineur !

(S'adressant de loin à la Vierge.)

Psit ! psit ! fit saint Joseph.

Plaît-il? dit la Madone.

SAINT JOSEPH.

Madame, il faut me suivre !

MARIE (avec douceur).

Où donc?

(Étonnée.)

Il faut partir?

SAINT JOSEPH.

(Se fâchant.) (Accentuant.)
Où donc, Madame? où donc? D'abord, c'est... mon... dé...sir!

MARIE.

Mais, enfin!...

SAINT JOSEPH (se fâchant).

Pas d'enfin! Vous êtes bien ma femme?

MARIE (avec douceur).

Nous sommes mariés!

SAINT JOSEPH (furieux).

Vous devez obéir.

MARIE (craignant le scandale).

C'est vrai! mais, taisez-vous, Joseph!

SAINT JOSEPH.

C'est bien, madame.
Pas seule! entendez-vous... Emmenez votre cour.

MARIE (soumise).

J'obéis, Monseigneur!

La madone fit signe :
« Écoutez saint Joseph, et suivons sa consigne. »

Agitant dans l'azur leurs ailes tour à tour,
Vierges et séraphins, groupés à son entour,
Résignés et formant une immense cohorte,
S'envolent, en chantant, vers la céleste porte.

Superbe! dit Joseph.

Il entra chez Jésus,
Qui fouillait l'Évangile; il corrigeait les fautes
Typographiques, — car l'Évangile est confus, —
Et l'hébreu, négligé par le meilleur des protes.

JÉSUS.

Hé! bonjour! quoi de neuf!

Du neuf? répond Joseph,
Il faut partir!...

JÉSUS (étonné).

Partir!

SAINT JOSEPH (ton bourru.)

Je vous dis de rechef
Qu'il faut quitter le ciel!

JÉSUS.

Pour où? bonté divine!

SAINT JOSEPH (avec humeur).

Mon fils, nous retournons chez nous... en Palestine.

JÉSUS.

Dieu du ciel! Et pourquoi?

SAINT JOSEPH (en colère).

Parce que... je... le... veux...

Vous êtes bien mon fils?... On doit obéissance
A son père.

JÉSUS.

C'est vrai!

SAINT JOSEPH.

Dès lors, quittons ces lieux!
Vous êtes fort changé... Quelques jours de vacance...

JÉSUS.

A mon âge?

SAINT JOSEPH.

Eh bien, et moi! suis-je moins vieux?
Votre mère est en route... et par condescendance,
Pressez-vous!

JÉSUS.

Mais je pars...

SAINT JOSEPH.

Emmenez votre cour.

JÉSUS (surpris).

Tout mon monde?

SAINT JOSEPH.

Oui! oui!

JÉSUS.

(A part.)
Bien... Quelle patience!
« Suivez-moi, dit le Christ, nous quittons ce séjour. »

Les apôtres, les saints, les martyrs et les saintes,
Eurent formé bientôt un cortège, à leur tour,
Quittant, la Bible en main, les sublimes enceintes!

« Pour où partez-vous donc? » leur dit le Saint-Esprit,
Qui suivait galamment la colombe de l'Arche.
« Ma foi! nous l'ignorons, Joseph ne l'a pas dit. »

« — Nous quittons Jéhova, » dit un vieux patriarche,
Au maintien grave et fier, à l'œil indépendant!
(Avec mystère.)
« Notre grand saint Joseph, d'après un bruit notoire,
(A l'oreille.)
» Avec Dieu vient d'avoir une fâcheuse histoire! »

LE SAINT-ESPRIT (vivement.)

« Sapristi! mais, mon cher, je cours incontinent,
» Ça peut très mal tourner! »
Puis, l'Esprit tirant l'aile,
Vers le trône éternel comme un éclair partit.
Et son oiseau fidèle,
La colombe, suivit!

LE SAINT-ESPRIT (à l'Éternel).

Pardonnez, mon Seigneur, ma visite indiscrète.
Du départ de Joseph je viens vous prévenir.

L'ÉTERNEL (gravement).

Je le sais! C'est bien moi qui l'ai mis en *retraite*.
Il prétend être maître ici, je dois sévir.

LE SAINT-ESPRIT.

En route, il est déjà !

L'ÉTERNEL.

Eh bien ! mais à ravir !

LE SAINT-ESPRIT.

A ravir, à ravir ! faut-il chanter victoire ?
Il emmène sa femme.

L'ÉTERNEL.

Ah bah !

LE SAINT-ESPRIT.

Je vous le dis...
Puis son fils.

L'ÉTERNEL.

Allons donc !

LE SAINT-ESPRIT.

Seigneur, veuillez me croire,
Il vient de soulever le divin Paradis.
Mary, Jésus, les saints, les anges séraphins,
Les vierges, monseigneur ! même les chérubins.
Du royaume des cieux, hélas ! tout dé...mé...na...ge !

DIEU (furieux).

Par le saint nom... de moi !

LE SAINT-ESPRIT.

Mais calmez-vous, Seigneur !

DIEU.

Me calmer! Saint-Esprit! me calmer! mais j'enrage.
Que va-t-il me rester?

LE SAINT-ESPRIT.

Très peu d'élus, j'ai peur!
(Lamentablement.)
David... Ezéchiel... Habacuc... Jérémie...
Moïse...

DIEU.

Un tas de vieux!... Cette ca...co...chy...mie.
Ah! non! mille fois non!! Je ne veux pas mourir
D'un éternel ennui! Eh! que faire? que faire?
Mais, conseillez-moi donc!... Vous me faites souffrir...

LE SAINT-ESPRIT.

Ah! ma foi, monseigneur, voyons la question...

DIEU.

Un rien! une dispute avec ce grrrand saint Pierre...
A propos d'un mortel, une discussion!...

LE SAINT-ESPRIT (froidement).

Alors c'est un impair?

L'ÉTERNEL (perdant la tête).

Mais, non! quelle carrière!
Oh! là! là! Voulez-vous... ma... ma... démission?

LE SAINT-ESPRIT (avec finesse).

Vous êtes immuable.

DIEU (reprenant ses sens).

Ah! j'oubliais, vraiment!

LE SAINT-ESPRIT (souriant).

Vous pouvez vous soumettre, et non pas vous démettre.
C'est bon chez les mortels : Monarque ou président!
Parlez à saint Joseph.

DIEU (furieux).

A ce gros roturier!

LE SAINT-ESPRIT.

Dites-lui, monseigneur, que vous fûtes sévère.

L'ÉTERNEL.

Quoi! demander pardon à ce vieux char...pen...tier...
A ce... ce...

LE SAINT-ESPRIT.

Mais, seigneur, c'est affaire oubliée.

DIEU (avec fermeté).

Moi, je n'oublie pas, et dans l'occasion...

LE SAINT-ESPRIT.

Notre histoire est, hélas! pour tous trop embrouillée.
Nous sommes compromis...

(vivement.)

Votre décision!

L'ÉTERNEL (avec fermeté).

Allez chercher Joseph, je veux m'en rendre maître.

LE SAINT-ESPRIT (avec force).

Pourrez-vous, ô mon Dieu! Vous allez l'exalter,
C'est sûr.

DIEU.

Mais non! mais non! Partez, sans plus tarder,
Et surtout soyez leste...

S'élançant comme un trait vers la porte céleste,
L'Esprit vit saint Joseph, ouvrant patiemment,
Serrures et loquets.
Hep! hep! cria-t-il... Reste!

SAINT JOSEPH.

Ha!

LE SAINT-ESPRIT.

Jéhova demande un éclaircissement.

SAINT JOSEPH.

Éclaircir! éclaircir! La chose est éclaircie...
J'entends avoir raison! c'est tout ce qu'il me faut.

LE SAINT-ESPRIT.

Hélas! tu le sais bien, Dieu manque d'énergie.
Allons, Joseph! en route!

SAINT JOSEPH (avec humour).

A l'instant?

LE SAINT-ESPRIT (avec prière).

Je t'en prie.

Et les voilà partis jusqu'au pied du Très-Haut.

Nous sommes de retour, Seigneur! Joseph arrive,
Il est là!

L'ÉTERNEL (tout bas à Joseph).

Enfin!... Hé! l'on ne peut vous brider,
Maître têtu!

SAINT JOSEPH (gravement).

Seigneur, l'expression est vive...

LE BON DIEU.

Allez-vous maintenant ne plus vous dérider?

SAINT JOSEPH.

On est saint ou pas saint.

L'ÉTERNEL (d'un air goguenard).

C'est de toute évidence.

SAINT JOSEPH.

Il faut pouvoir ouvrir, sans tant de pourparler,
Le ciel à tout dévot!

DIEU.

A tous? Mais!... en conscience!

SAINT JOSEPH (avec ironie).

Eh! votre bon larron!

L'ÉTERNEL (embarrassé).

Veuillez n'en plus parler.

SAINT JOSEPH.

Accordez-moi ce droit, ou bien je déménage
Avecque ma Smala! J'ai juré, sur serment,
De ne plus exposer une âme au ballottage,
Et de ne point subir pareil désagrément.

DIEU.

Allons! ton dernier mot!

SAINT JOSEPH.

J'exige le passage
Pour tous mes bons clients!

DIEU.

Le ciel serait joli,
Si je vous accordais un pareil privilège.

SAINT JOSEPH.

Mais j'entends être seul, par un acte établi,
Avec vous!

L'ÉTERNEL (avec ironie).

Quel suprême honneur! Voyons! abrège!
Veux-tu un quart?

SAINT JOSEPH (avec dédain).

Un quart!

L'ÉTERNEL.

Moitié?... Trois quarts?

SAINT JOSEPH.

Mais non!

(Avec énergie.)

Tout ou rien!

L'ÉTERNEL.

Bah!

SAINT JOSEPH.

Bonsoir!

Puis Joseph prend la porte
Et court comme un lapin rejoindre sa cohorte,
Sans demander pardon.

L'ÉTERNEL (en colère).

Il s'en va!... Mais, comment, il part pour tout de bon?
Il ne se tourne pas? cria la Providence.

LE SAINT-ESPRIT.

Mais non, certainement!

L'ÉTERNEL (furieux).

Il fuit notre présence!!

LE SAINT-ESPRIT.

Il va comme le vent!

DIEU (furieux).

Ah! mulet! C'est trop fort!
Saint-Esprit! Saint-Esprit, ramenez cet infâme.
(Long silence.)
Puis, Joseph, décidé, par un suprême effort,
Revint, calme et serein, devant Dieu, tout en flamme.

Il régnait autour d'eux un silence de mort.
(Silence prolongé.)
(Avec force).
Puisque le maître ici, c'est vous, que dois-je faire?
Dit Jéhova.

SAINT JOSEPH (froidement).

Mais, peu, rien!... Il faut un notaire.
Un contrat éternel! Peste, c'est sérieux!...

DIEU (furieux).

Un notaire! allons donc! Eh! alors, ma parole!...

SAINT JOSEPH (avec calme).

Verba volant, Seigneur, oh! l'écrit vaut bien mieux!

DIEU (impatienté).

Appelez un notaire!
(Empressé.)
Un notaire? J'y vole,
Dit le bon Saint-Esprit.

Mais, de retour des cieux,
Il déclara, confus, fatigué du voyage,
Qu'il n'a pu, malgré tout, spectacle curieux!
En découvrir un seul.

Dieu prit le témoignage
De Moïse et saint Paul!... Et saint Joseph, joyeux,
Obtint donc, en ce jour, un contrat authentique,
Signé, bien paraphé, dûment enregistré,
Ne coûtant rien du tout, détail économique
Que devant aucun greffe on n'a pas rencontré!...

Ce contrat lui permet de faire, sur un mot,
Entrer en paradis, malgré le Bon Dieu même,
Tout pécheur repenti; tout criminel dévot
Qui le chante, l'invoque, et l'exalte à l'extrême.
Et vous lui marchandez des hommages publics!
Vous brisez mon quinquet! vous éteignez mon cierge!
Pour vous livrer, la nuit, à de sombres trafics
De vol, de contrebande, et cœtera... — La Vierge,
Mes amis, vous déteste et ne peut vous sauver!
Vous cuirez en enfer! Que le Christ vous pardonne!

(Se signant.)

Mon sermon est fini; sachez en profiter!

LA FOULE.

Vivat pour saint Joseph! l'époux de la Madone!
A bas saint Pierre! à bas!

Et Rocca, tous les soirs,
Profitant sans tarder d'ardeurs si passagères,
A Naples fit briller quatre cents réverbères,
En répandant partout cierges et reposoirs!

Bordeaux. — Imp. G. Gounouilhou, rue Guiraude, 11.

www.ingramcontent.com/pod-product-compliance
Lightning Source LLC
LaVergne TN
LVHW050224180726
843501LV00013BA/2523

* 9 7 8 2 3 2 9 6 4 8 8 3 5 *